Sonja Firmenich

Ein Schneemann reist nach Afrika

SCHNEIDER BUCH

Hoch oben im Norden, wo
die Sonne nur ein paar Tage
im Jahr scheint und wo selbst
die Eisbären frieren, da stand
ein einsamer Schneemann.

Er stand schon sehr lange dort.

Niemand, kein frierender Eisbär,
kein Schneehase und
keine Robbe, wußte, wer ihn
dort aufgestellt hatte.

Eines Tages dachte der Schneemann: „Ich stehe schon so lange immer an derselben Stelle!“

Und als wieder einmal
eine Robbe zum Atemholen
neben ihm auftauchte, da sagte
der Schneemann: „Ich bringe
Veränderung in mein Leben.
Ich gehe nach Süden.“

„Nach Süden?"
Im Nu war der Schneemann von den Tieren des Nordpols umgeben.
Sie waren alle sehr aufgeregt.
„Du bist verrückt", meinte das Walroß, „du wirst schmelzen."

Die anderen Tiere waren seiner Meinung. Sie versuchten, den Schneemann von seiner Idee abzubringen. Aber vergebens.
Der Eisbär rümpfte die Nase, und die Hasen machten große Augen.

„Schmelzen? Das hört sich interessant an. Das will ich kennenlernen!“ sagte der Schneemann. Er bestieg eine Eisscholle und ließ sich Richtung Süden treiben.

Der Schneemann ging erst an Land, als von seiner Eisscholle fast nichts mehr übrig war. Und da war er auch schon in Afrika.

Zuerst traf der Schneemann einen Gepard und eine Antilope. Verwundert schauten die beiden ihn an.

Der Gepard vergaß das Jagen, und die Antilope dachte nicht mehr daran, wegzulaufen.

Dann kam der Schneemann
bei einer Löwenfamilie vorbei.

Doch der Löwenvater vertrieb
ihn gleich wieder.

Mit großen Augen sah ihn der Büffel entsetzt an. Und ein Büffel macht nur große Augen vor Entsetzen – oder Verwunderung.

„Haha“, lachte die Giraffe, „du willst ein Schneemann sein!? Und wo ist hier bitte Schnee?“

„Das ist so ...“, fing der Schneemann an. Aber die Giraffe hörte schon nicht mehr zu.
„Na, dann nicht“, dachte er,

„ich finde schon jemanden, der mir das Schmelzen beibringt!“

„Was, ein Schneemann bist du? Einer aus dem Norden?" posaunte ein Elefant. „Und was willst du hier bei uns?"

Neugierig beschnupperten die
Zebras den kalten Schneemann.
Sie konnte er fragen. Aber aus
dieser Herde kannte niemand
das Schmelzen.

„Wenn du schmilzt“, rief
das Flußpferd, „wirst du zu dem,
in dem ich hier drinsitze.“

„Ach, so ist das“, dachte der Schneemann, „das wäre aber schade. Da will ich lieber noch nicht schmelzen.“

Der Schneemann wanderte weiter durch die afrikanische Steppe.

Mal war er
fröhlich, mal
traurig oder
müde.

Er lernte
viele Tiere und
ein schönes
Land kennen.

Und es war
dem Schnee-
mann nie mehr
langweilig.

Alles war so ganz anders als in seiner Heimat. Vor allem war es hier viel, viel wärmer. Und die Hitze machte dem Schneemann arg zu schaffen.

Er konnte es nicht verhindern: Tag für Tag schmolz die Sonne ihm ein kleines Stückchen weg.

Eines Tages nun gelangte
der Schneemann an den Rand
einer großen Wüste.

Das letzte Tier, das er sah, lernte
der Schneemann nicht kennen.
Denn das Dromedar lief sehr
erschrocken davon.

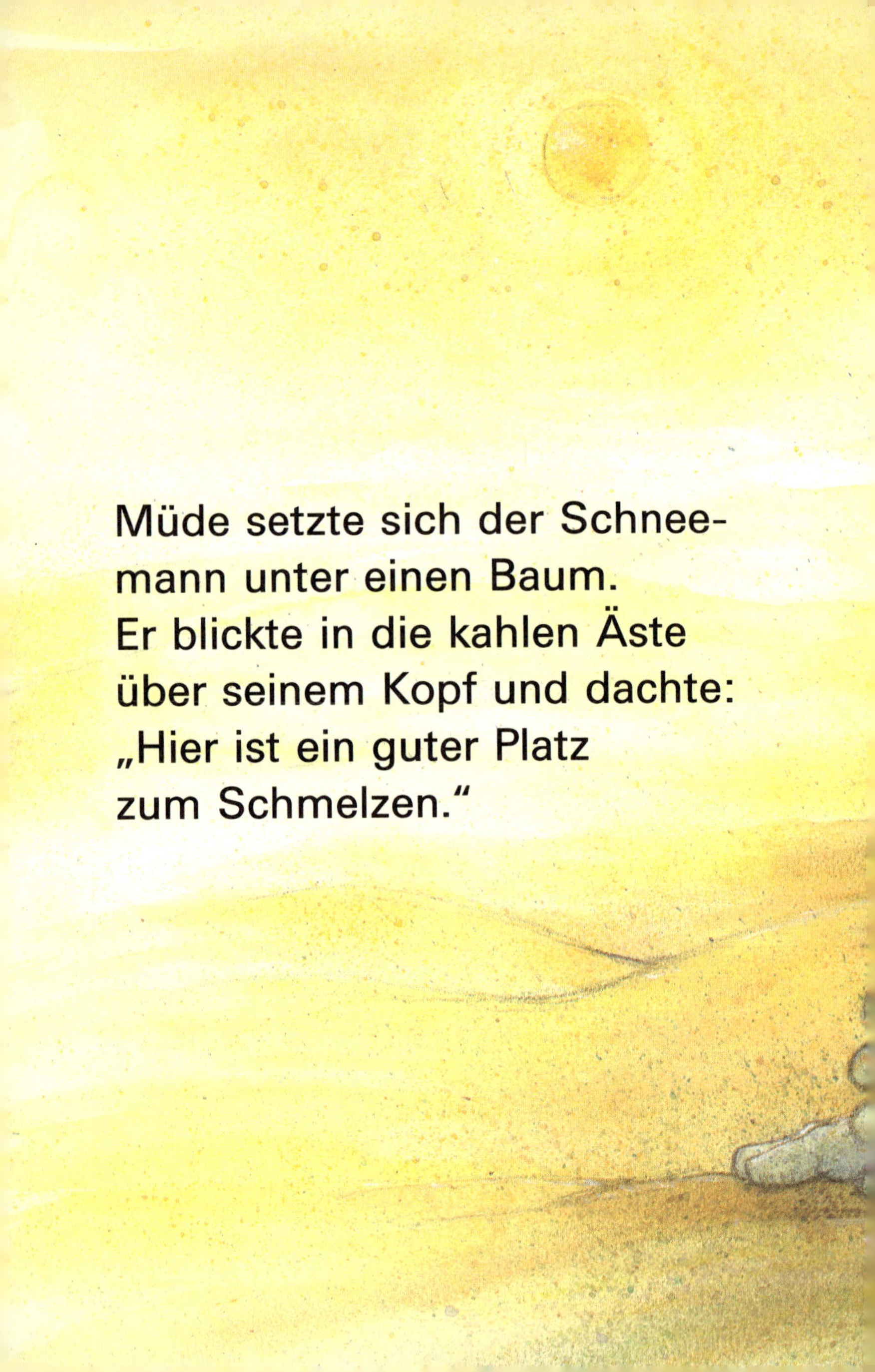

Müde setzte sich der Schneemann unter einen Baum.
Er blickte in die kahlen Äste über seinem Kopf und dachte:
„Hier ist ein guter Platz zum Schmelzen."

Und es dauerte nicht lange,
da bekam der trockene Baum
wieder grüne Blätter.

Die Deutsche Bibliothek – CIP-Einheitsaufnahme

Firmenich, Sonja:
Ein Schneemann reist nach Afrika / Sonja Firmenich. –
München : F. Schneider, 1994
ISBN 3-505-00003-5
NE: HST

Dieses Buch wurde auf chlorfreies,
umweltfreundlich hergestelltes
Papier gedruckt.

Frankfurter Ring 150, 80807 München

Illustrationen und Text: Sonja Firmenich
Umschlaggestaltung: Heinz Kraxenberger
Lektorat: Nicola Aschenbrenner
Herstellung: Gabi Lamprecht
Satz: FIBO Lichtsatz GmbH, München, 16' Univers
Druck: Tiskarna Ljudske pravice, Ljubljana, Slowenien
ISBN: 3-505-00003-5